# LOS SEMÍNOLA

por Bárbara Brooks

Ilustrado por Luciano Lazzarino

Versión en español de Aída E. Marcuse

ROURKE PUBLICATIONS, INC.

VERO BEACH, FLORIDA 32964

# ÍNDICE

**Library of Congress Cataloging-in-Publication Data**

Brooks, Barbara A., 1946-
    [Seminole. Spanish]
    Los seminola / por Barbara Brooks; versión en español de Aída E. Marcuse.
        p. cm. — (Pueblos americanos nativos)
    Traducción de: The Seminole.
    Incluye índice.
    Resumen: Examina la historia, el estilo de vida tradicional y la situación actual de los indios seminola.
    ISBN 0-86625-451-X
    1. Indios seminola—Literatura juvenil. [1. Indios seminola. 2. Indios de Norteamérica. 3. Materiales en español.] I. Título. II. Serie.
E99.S28B7618 1992
975.9'004973—dc20                                    92-8198
                                                        CIP
                                                        AC

# INTRODUCCIÓN

Muchos nombres de lugares, tales como Tallahassee, Okeechobee y Miami, provienen de los antepasados indígenas de Florida. Antes que llegara el hombre blanco, la península ya era el hogar de muchos americanos nativos.

Impresionantes túmulos funerarios, construídos hace miles de años, todavía pueden verse a lo largo de ríos y costas.

Los primeros pueblos llegaron a Florida hace unos 12,000 años, hacia el final de la Era Glacial. Se piensa que descendían de pueblos que habían emigrado a través de una lengua de tierra que unía a Asia y Norte América. Aun hoy reconocemos a ésos como los verdaderos primeros pueblos nativos de América. Colón los llamó "indios" porque creyó que había llegado a la India. Pero las facciones de los indígenas son más parecidas a las de los pueblos de China y Japón.

Los primeros pobladores de Florida eran cazadores y recolectores. Comían carne de animales, usaban sus pieles para vestirse, y los huesos como herramientas. También comían plantas silvestres y nueces.

Al comienzo de la Era Cristiana, los indígenas ocupaban toda la península y los Cayos de la Florida. Habían evolucionado mucho desde sus tiempos de nómadas. Ahora vivían en grandes comunidades y comerciaban a distancias considerables. Habían desarrollado un sistema social y de gobierno muy complejo.

Los indígenas eran hostiles o amistosos con el hombre blanco, según cómo éste se comportara con ellos. Muchas tribus de Florida opusieron violenta resistencia a los exploradores españoles. Finalmente, las tribus originales fueron aniquiladas por guerras y enfermedades o fueron esclavizadas.

*Sonajeros para las piernas, hechos de caparazones de tortuga, usados en la Danza del Maíz Verde.*

Las tribus de Florida desaparecían, y los indígenas Creek y los esclavos negros de Alabama y Georgia inmigraban a la península, deseosos de alejarse de los colonos y mercaderes.

Los españoles alentaron esta migración porque necesitaban apoyo al norte de St. Augustine.

La migración de estas bandas duró unos cien años. Algunos eran Creek Bajos, otros, sus rivales los Creeks Altos. La cultura Creek era su único lazo. Estos indígenas inmigrantes fueron llamados Semínola. El nombre proviene de la palabra Creek "isti simanole," que significa "fugitivo, salvaje e indómito." Los indígenas dicen que también significa "libertad."

A la vez mientras los colonos blancos se adentraban en Florida, los Semínola se desplazaban hacia el sur. El gobierno de los Estados Unidos los trató mal y horribles guerras plagaron el territorio hasta 1851. Muchos tuvieron que a abandonar Florida y establecerse en el territorio que luego sería Oklahoma, donde aún viven sus descendientes.

Los Semínola que sobrevivieron en Florida se escondieron en lo profundo de los pantanos, sin hacer las paces jamás con los Estados Unidos.

Aunque los Semínola son una tribu bastante nueva, han desarrollado su propia cultura.

# Los Semínola

*Algunas canastas son hechas con fines específicos. Arriba: El tejido de las canastas para harina de maíz es muy apretado, para impedir que la harina se pierda. Izquierda: La canasta para cernir harina es de un tejido más flojo, para que las impurezas pasen a través, dejando tan solo el maíz. Derecha: Una canasta para todo uso.*

(Foto cortesía del Museo Histórico del Condado de St. Lucie)

# Los indígenas originales de Florida

Alrededor de 15.000 indígenas vivían en Florida en abril de 1513, cuando llegaron los españoles. Habían cuatro grandes tribus: Calusa, Tekesta, Timucua y Apalache, organizadas en cincuenta bandas menores. A los españoles les fue difícil asentarse en el sudoeste y en la costa este de Florida, porque los indios eran muy hostiles.

Los Calusa (Ca-lu-sa) vivían en la costa del golfo de Florida. Eran marineros y pescadores. Los españoles nunca pudieron establecerse en esta área porque los calusa los rechazaron exitosamente. El famoso explorador español, Ponce de León, murió de la herida que le causara una flecha Calusa.

El grupo más grande de indígenas de Florida eran los pescadores y campesinos Timucua (Ti-mu-cua) y Tekesta (Te-kes-ta), que vivían en la costa este de Florida.

Como los Calusa, también eran feroces guerreros, determinados a detener a los españoles.

En el norte de Florida vivían los Apalache (A-pa-la-che), una tribu más amistosa. Mayormente campesinos, su cultura era más avanzada que la de las otras tribus de Florida, y permitieron a los españoles establecer una serie de asentamientos desde St. Augustine hasta Tallahassee. Estos indígenas vivieron en paz con el hombre blanco durante casi cien años. Pero todos los habítantes originales de Florida estaban condenados a desaparecer. Despiadadamente, el hombre blanco tomó de ellos lo que quiso, sin ninguna consideración por los derechos de los nativos. Eventualmente, casi toda la población indígena de Florida fue arrasada por enfermedades contagiadas del hombre blanco y por las guerras.

## Los Creek y los negros se mudan a Florida

Durante centurias, Inglaterra y España habían estado varias veces en guerra en Europa. Cuando los ingleses se asentaron en las Carolinas y Georgia, las luchas entre ambas naciones recomenzaron. Durante el siglo 17, el lugar del conflicto fue Florida. Los indígenas Creek de Georgia se aliaron con los ingleses, mataron a muchos indígenas de Florida o los vendieron a los mercaderes de esclavos de Charleston, quienes los vendían a los dueños de las plantaciones.

Como la tierra dejada vacía era apropiada para cazar y sembrar, los invasores Creek se asentaron en el norte de Florida. Otras tribus Creek que vivían en las Carolinas, Alabama y Georgia, vinieron a Florida escapando de los blancos. Muchos habían sido hechos esclavos y huían de sus captores.

Los esclavos negros fugitivos también se refugiaron en Florida. Todos estos pueblos se mezclaron con los sobrevivientes de las primeras tribus, aliándose con ellos pues enfrentaban problemas similares y necesitaban la protección de los españoles. Estos fueron luego llamados Semínola.

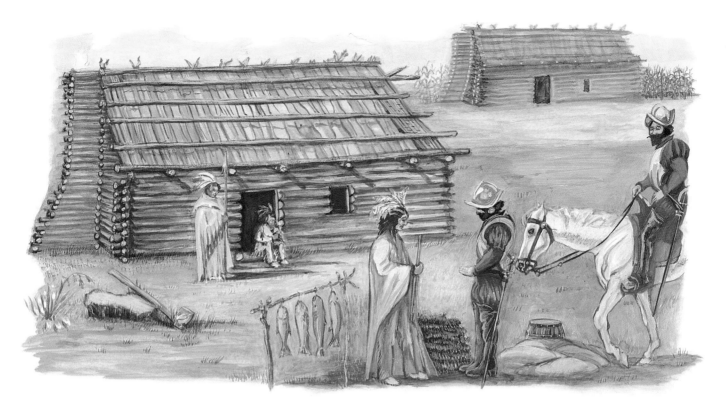

# Los Semínola en el siglo XVII

Dueños de las tierras más ricas del área, los Semínola del siglo XVII eran trabajadores y prósperos. Cazaban, pescaban, sembraban y criaban ganado. Comerciaban con los españoles, cambiando pieles, pescado salado, cera de abejas y aceite de oso por café, azúcar, tabaco y licores.

Sus poblados estaban diseñados como las aldeas Creek. La plaza y el edificio comunal estaban rodeados por treinta casas de troncos. Cada hogar estaba constituído por dos edificios, separados entre sí unos treinta metros. Uno, de dos pisos, era usado para almacenar alimentos. El otro servía de dormitorio y cocina. Cada familia tenía su propia huerta, y plantaba maíz, frijoles y melones. El pueblo entero trabajaba en una plantación comunitaria, y todos proveían a los víveres públicos, destinados a los visitantes y a los miembros menos afortunados de la tribu.

Los Semínola seguían la organización política Creek. Habían dos tipos de jefes: uno de paz y uno de guerra. En algunos clanes, la posición de jefe de paz era parcialmente hereditaria, y éste era también el líder religioso en las ceremonias tribales. Cada comunidad era independiente de las demás. Ningún jefe gobernaba sobre todos los pueblos Semínola. Un consejo tribal, constituído por los ancianos y sabios de la tribu, ayudaba al jefe de paz a gobernar y elegía al jefe de guerra. También era responsable por la seguridad y el bienestar de su pueblo. En tiempos de guerra, los jefes eran elegidos por sus dotes militares y su talento de líderes. Quien hablara clara y convincentemente podía alcanzar una elevada posición.

Muchos negros trabajaban para los Semínola. Algunos eran esclavos, pero se los trataba como granjeros inquilinos. Esos negros prosperaron y llegaron a poseer sus propias granjas, formar sus propias aldeas y elegir a sus propios jefes. Algunos se casaron con indígenas. Los negros y los Semínola se aliaron contra el hombre blanco.

## La primera guerra Semínola

Después de la primera Guerra Revolucionaria, los conflictos entre España y Estados Unidos continuaron. Los Semínola acogían a los esclavos negros que huían de las plantaciones y los españoles generalmente aceptaban a esos fugitivos como hombres libres. En represalia, los dueños de las plantaciones invadieron las aldeas indígenas para recuperar a sus esclavos. Las tribus resistieron el intento, y el odio creció entre los dueños de las plantaciones y los Semínola. En 1818, los constantes choques condujeron a la primera guerra Semínola. El general Andrew Jackson fue enviado a Florida con 3.000 hombres. Jackson atacó a los Semínola, quemó muchas de sus aldeas,

confiscó sus alimentos, se apoderó de sus caballos y cerdos, y dispersó sus ganados. Jackson mató o capturó a quienes se interponían en su camino, y también atacó los asentamientos españoles.

Florida fue cedida a los Estados Unidos en 1819. En el tratado, España estipuló que los pobladores de Florida debían ser aceptados como ciudadanos de los Estados Unidos. Los Estados Unidos aceptaron la propuesta, pero sólo consideraron como pobladores de Florida a los españoles.

Los indígenas y los negros no fueron incluídos entre los ciudadanos. Eran gente de otro color y tenían otro estilo de vida. Los blancos los consideraron inferiores, sin ningún derecho a la libertad ni a la justicia. En ese entonces, la población Semínola era de unas 5.000 personas.

# La lucha por la supervivencia

En 1822, Florida fue incorporada a los Estados Unidos. El general Jackson, su primer gobernador militar, tuvo que renunciar al no obtener apoyo para sus planes. William P. Duval lo sucedió como gobernador. Era un hombre honesto y justo, y se hizo querer tanto por los indios como por los blancos. Mantener la paz entre los colonos y los Semínola fue su inmensa tarea.

A Florida llegaban miles de colonos. Querían la rica tierra labrantía, y exigieron que los Semínola fueran enviados al Territorio Indígena del oeste de los Estados Unidos. El gobernador Duval tuvo que trasladarlos a las muy inferiores tierras debajo de la bahía de Tampa, o convencerlos de que se mudaran al oeste.

En 1823, los Semínola firmaron un tratado cediendo 32 millones de acres de sus fértiles tierras al norte de Florida. Además, el gobernador les comunicó que ya no podrían moverse libremente. Tendrían asignado un territorio de 4.000.000 de acres en una reservación en el centro de Florida.

Los Semínola tuvieron que abandonar sus aldeas y tierras fértiles e ir a ese sitio en medio del estado, que ni siquiera quedaba cerca de las costas.

La intención era cortar los suministros de pólvora, municiones y armas que les proveía Cuba, y así prevenir otra guerra. El tratado proveía que los blancos no podrían cazar, asentarse, o entrar en las tierras Semínola. Los años siguientes fueron de muchas privaciones. El brusco cambio en su estilo de vida les resultaba difícil y tenían que luchar para sobrevivir. Construyeron nuevas casas y excavaron canales donde el terreno era demasiado pantanoso para hacer caminos. Desbrozaron la tierra para hacer nuevas huertas y criaron ganado. Pero les fue imposible producir alimentos suficientes para todos. La tierra era pobre, impregnada de agua e inadecuada para el cultivo. Era difícil encontrar agua potable. Los jefes protestaron por la falta de animales de caza, frutos y nueces. Atormentados por el hambre, irrumpieron en los asentamientos blancos en busca de comida. En respuesta, el gobierno de Florida pasó una ley que les prohibía abandonar su reservación sin previo permiso escrito.

Los hombres blancos no respetaron el tratado, e invadieron las aldeas Semínola para sacar de ellas a los esclavos negros que ya habían vivido con los indígenas muchos años. La exigencia de los colonos de que se enviara al oeste a los nativos, se sumó al conflicto.

## La segunda guerra Semínola

En mayo de 1830, el presidente Andrew Jackson firmó el Acta de Desalojo de los Indígenas. Todas las tribus del sureste debían atravesar el río Mississippi e ir al Territorio Indígena, una tierra que se dejaba para ellos. El Territorio Indígena se convirtió luego en el estado de Oklahoma. Este fue un nuevo golpe para los Semínola, quienes se negaron a mudarse otra vez. La tensión creció, y se firmaban tratados que no eran respetados por ninguna de las partes. Representantes del gobierno de Estados Unidos trataron de convencer a los Semínola que el nuevo territorio sería mejor que la reservación que tenían en Florida.

Los Semínola aceptaron enviar varios jefes, quienes luego les dirían lo que habían observado en la región. El grupo tardó tres meses en completar su inspección. Mientras recorrían el

territorio propuesto, se convenció a algunos de los jefes para que firmaran otro tratado, que especificaba que los Semínola debían irse de Florida en tres años. Se ha dicho que esos jefes fueron sobornados para que firmaran ese tratado.

Cuando los Semínola descubrieron el tratado, se enojaron mucho. Sintiéndose traicionados, rehusaron cumplir con lo pactado. Buscaron un líder, y encontraron a Osceola, un jefe que pensaba que Florida le pertenecía a su pueblo.

Osceola no era jefe de nacimiento, pero el coraje con que hablaba contra los blancos lo hacía muy respetado por su pueblo. Había nacido en Georgia en 1804. Algunas historias cuentan que Osceola era de sangre mezclada, pero él siempre dijo que era un Muskogee de pura sangre. Tenía gran influencia y poder sobre los Semínola. Las leyendas lo recuerdan como uno de sus héroes más valientes. Luchó por los principios que creía justos y convenientes para su pueblo.

Representantes de los Estados Unidos se reunieron con los jefes Semínola en

mayo de 1835, e insistieron que los indígenas debían mudarse o el ejército los obligaría a hacerlo. Osceola se les enfrentó, clavó un puñal en el tratado propuesto, y dijo que los Semínola no se mudarían. Fue una abierta declaración de guerra.

La segunda guerra Semínola empezó en 1835, y duró siete amargos años. Hubieron muchas batallas entre los Estados Unidos y los Semínola. A menudo ganaban los indígenas porque conocían mejor el terreno y podían atacar a los soldados blancos por sorpresa y enseguida desaparecer en los pantanos. Osceola era temido y respetado, para el hombre blanco era difícil vencerlo.

En 1837, después de dos años de feroces batallas, Osceola aceptó hablar de paz bajo una bandera de tregua. Pero resultó ser un truco deshonesto. Osceola fue capturado y encarcelado. Quebrantado su espíritu, enfermó y murió en prisión en 1838.

# Los Semínola son forzados a mudarse

La guerra se prolongaba. Muchos Semínola habían muerto en más de ocho duros años de lucha. Otros habían sido capturados y enviados al oeste. Unos 3.000 Semínola fueron forzados a emigrar al Territorio Indígena.

Era un viaje difícil, a menudo llamado el "Camino de Lágrimas." Obligados a abandonar sus hogares, fogatas y campos, iban pesadamente hacia el oeste. Pocos blancos entendieron su obstinado apego a los cementerios de sus antepasados y los hogares de su niñez. Ahora vivían apiñados y tenían poca comida. Muchos enfermaron y murieron.

Al llegar al Territorio Indígena, los Semínola estaban supuestos integrarse a la nación Creek.

Pero ellos preferían gobernarse a sí mismos y poseer su propia tierra, por lo que hubieron muchos conflictos entre los Semínola y los Creek. Un tratado, firmado en 1845, autorizó a los Creek a darles algunas tierras a los Semínola.

Por fin, en 1868 se estableció la nación Semínola en el Territorio Indígena, con capital en Wewoka, Oklahoma. Se eligió un jefe por votación, y un consejo formado por cuarenta y dos hombres. John F. Brown fue el jefe electo. Gobernó a los Semínola durante treinta pacíficos años, y pronto éstos se volvieron la nación indígena más pacífica y respetuosa de la ley en los Estados Unidos.

# Escondiéndose en los Everglades

El fin de la guerra fue declarado en agosto de 1842. Había áun unos 300 Semínola escondidos en los Everglades, que no querían mudarse a Oklahoma. Vivían como animales perseguidos, siempre listos para escapar a la menor señal o pelear a muerte. Los Estados Unidos decidieron que no valía la pena buscarlos y capturarlos.

La vida de esos indígenas era muy difícil. Levantaban campamento frecuentemente, pues su mayor preocupación era enfrentarse con los soldados. Las madres solían esconder a sus niños pequeños en pozos y visitarlos solo de noche. Comían animales, pájaros y peces. Los Semínola se internaron más y más en los Everglades y vivieron en islas en los pantanos.

En 1855, una partida de topógrafos encontró la aldea del jefe Bowlegs en los Everglades, destruyó sus huertas y robó sus cosechas. Los indígenas se pusieron en pie de guerra nuevamente, y lucharon la que a veces es llamada la tercera guerra Semínola. Ésta duró tres años. Cuando acabó, el jefe Bowlegs aceptó mudarse al Territorio Indígena con ciento veintitrés hombres, mujeres y niños. Los Estados Unidos gastaron más dinero en las guerras Semínola que en ninguna otra guerra indígena. El costo total se calcula en unos $40 millones. Más de 1.500 soldados fueron muertos. Y ni así las guerras terminaron en una neta victoria para los Estados Unidos.

Varios cientos de Semínola áun rehusaban dejar su patria en Florida. No habían firmado ningún tratado, y no habían sido conquistados. Permanecieron escondidos en los Everglades, desalentando a cualquier visitante. Se las arreglaban como podían.

*El jefe Billy Bowlegs*

Por fin, el hombre blanco los dejó en paz. Ésos fueron los antepasados de los Semínola que viven hasta hoy en Florida. Muchos fueron muertos o trasladados, pero aquellos que permanecieron hasta el amargo final, obtuvieron la libertad en los vastos Everglades de Florida.

13

# Desde las guerras Semínola hasta 1950

A medida que huían, los Semínola sobrevivientes en Florida se internaban más y más en la profundidad salvaje de los pantanos. Los Everglades del sur de Florida son solitarios y poseen una gran belleza. Abundan las palmas altísimas, cipreses, helechos gigantes, flores hermosísimas, pájaros y mariposas. En los bosques viven muchas especies de animales, incluyendo osos y la pantera de Florida. Los Semínola tuvieron que aprender a entendérselas con caimanes, cocodrilos, serpientes venenosas y escorpiones. Había mosquitos por todas partes. La vida no era fácil.

Los indígenas cambiaron sus casas de troncos por abrigos más prácticos, llamados chickee. El chickee estaba abierto por los cuatro costados, para dejar pasar la brisa. Se construía sobre una plataforma, a tres pies de altura. El techo de paja se hacía con hojas de palmeras-repollo. Si la familia debía irse rápidamente, era fácil abandonarlo.

La plataforma sobreelevada protegía de la lluvia a la familia y sus posesiones, y evitaba que entraran insectos reptantes y serpientes. Los animales podían abrigarse bajo la plataforma. No tenían muebles. La familia colgaba sus posesiones de vigas de ciprés y dormía sobre esteras en el piso. Los bebés dormían en sus propias hamacas. Durante el día, la gente se sentaba en el suelo para comer, coser, jugar juegos o cualquier otra actividad.

Pequeñas aldeas de chickees fueron construídas en algunos terrenos más altos, llamados "hammocks," que eran las únicas tierras secas en los pantanos. Estas aldeas se ocultaban bien, pues los Semínola deseaban mantenerse alejados del hombre blanco. Los adultos hablaban en voz baja. Los niños eran enseñados a jugar en silencio, sin gritar ni llorar.

Todos trabajaban juntos, tratando de sobrevivir en su nuevo medio ambiente. La poca tierra disponible se desbrozaba para sembrar. Los Semínola plantaron maíz, batatas, calabazas, caña de azúcar y frijoles. Los cultivos debían ser constantemente protegidos contra los pájaros y otros animales.

También comían las plantas salvajes que encontraban. La mayor parte de la palmera palmito era comestible. Las hojas se machacaban hasta convertirlas en harina, y de las bayas se extraía melaza. Las raíces de la espadaña se consumían crudas, cocidas o machacadas en harina. Las raíces de las cicadácidas, una vez secadas y machacadas, proveían la harina para su pan favorito. Había bananas, naranjas, piñas y cocos. Las nueces del nopal se comían o se extraía de ellas aceite para cocinar. Comían pescado y

cazaban animales, pero sólo mataban lo que necesitaban para alimentarse.

Otra fuente de alimento era el "sofkee," una masa hecha con maíz machacado grueso. Todavía es un plato popular entre los Semínola. Una olla de sofkee se mantiene todo el día sobre el fuego. Cada vez que tienen hambre, los indígenas se sirven de la olla con la cuchara de sofkee.

La comida se hacía sobre un fuego poco común. Grandes troncos se escalonaban, poniéndoles en el medio un montón de ramitas. Al quemarse el centro, los troncos caían hacia adentro y mantenían el fuego vivo.

La carne se cocinaba en pinchos sostenidos sobre el fuego, o era hervida en una olla grande con otros alimentos, para hacer un guiso. A veces la comida se ponía en hojas de palma o en platos de conchas. No existían platos o bols individuales, pero los Semínola usaban las conchas como tazas y cuchillos.

En cada aldea, había una o más cabañas de cocinar. Una parte de la cabaña se dejaba sin piso, y el fuego se hacía directamente sobre el suelo pelado. La otra parte servía para almacenar alimentos. Pero, en ese clima húmedo y caliente, mas valía consumir la comida enseguida.

## Como vestirse en un clima cálido

Los pantalones de piel de ante y la ropa de cuero que los Semínola usaban en el norte, eran demasiado calientes para el sur de Florida. Así que los indígenas adoptaron otras ropas, largas y amplias, que les cubrían el cuerpo casi por completo y los protegían de los mosquitos y otros insectos. Las telas les eran suministradas por mercaderes. Las mujeres usaban faldas largas y blusas como capas. Los hombres usaban unas camisolas que les llegaban a las rodillas. Otros elementos de su indumentaria eran dos pañuelos alrededor del cuello y un turbante con grandes plumas en la cabeza. Las ropas se adornaban con rayas hechas con trenzas de colores y diseños recortados en telas, los que se cosían en los bordes de las faldas. Los niños vestían igual que los padres. Todo el mundo andaba descalzo.

El traje de las mujeres incluía collares de hileras de cuentas. Cuando nacía una niña, se le ponía una hilera de cuentas al cuello. En cada ocasión significativa de su vida, recibía hileras adicionales.

Éstas seguían sumándose, hasta que las cuentas le cubrían el cuello hasta las orejas y el mentón. Una mujer solía usar hasta veinticinco libras de cuentas, y apenas podía mover la cabeza. Las cuentas eran parte tan importante de su atavío, que se sentía mal vestida sin ellas.

Durante a la edad madura, las mujeres empezaban a remover las hileras de cuentas una por una, hasta que sólo quedaba la primera. Esta hilera iba a la tumba con ellas.

Los hombres Semínola se afeitaban la cabeza, salvo unos mechones alrededor de la frente y a los lados de la cabeza. Al principio, las mujeres llevaban el pelo suelto o recogido. El estilo de los peinados cambiaba de tanto en tanto. Durante un tiempo, el pelo de las mujeres se peinaba sobre un marco, como haciendo una visera torcida. Esto era muy práctico, porque les protegía la cara del ardiente sol.

Poco después de 1900, las ropas de los Semínola se transformaron al introducirse entre ellos la máquina de coser. Desaparecieron las trenzas y diseños estampados cosidos a mano. Brillantes cuadrados de telas de colores se unían a máquina, formando delicados e intrincados diseños. Se hizo indispensable tener una máquina de coser en cada casa. La ropa era una obra de arte, enteramente confeccionada con retazos. Cada vestido y cada camisola eran únicos. La variedad de diseños era sorprendente. Los Semínola se inspiraban observando los dibujos de las conchas y los caracoles de Florida o los rayos y las olas del océano.

Hasta hoy, sus peculiares ropas son una característica propia de la tribu Semínola. Los más viejos todavía usan ropas tradicionales, pero los jóvenes prefieren la ropa moderna.

# La sociedad Semínola

Después de las guerras Semínola, el sistema político Creek de jefes de aldeas y consejos tribales, ya no servía. No quedaba gente suficiente para hacerlo funcionar. Además, los pequeños y dispersos campamentos no precisaban un gobierno formal. El único vestigio que quedaba era el Día de la Corte, durante la Danza del Maíz Verde, un festival que se realizaba una vez al año. Durante el mismo se juzgaban los crímenes contra individuos o el grupo. Cada clan estaba representado en el cuerpo de gobierno que se formaba. El clan y el campamento son unidades sociales básicas entre los Semínola. Generalmente, en cada campamento vive un clan, formado por varias familias emparentadas entre sí. Cada clan tiene un nombre, como: Pantera, Gatos Monteses, Pájaro, Nutria, Viento, Lobo, Serpiente y Pueblo. Un requisito para casarse es hacerlo con un miembro de otro clan.

Cuando una mujer busca marido, usa más cuentas y adornos de plata en su blusa. A veces, el marido es elegido por su familia. La pareja que desea casarse consulta al jefe del clan de la mujer. Si nadie se opone, el casamiento se realiza durante la Danza del Maíz Verde.

La mujer era la cabeza del hogar. Después de la boda, el hombre iba a vivir a casa de su esposa. La pareja vivía con la familia de ella unos años, y después iniciaba un nuevo campamento. El marido aportaba mantas, utensilios de cocina, cuentas y dinero, todo lo cual se entregaba al clan de la mujer. El divorcio era muy raro, y los principios morales, muy elevados.

Los niños que nacían pertenecían al clan de la mujer. Ella y sus hermanos se encargaban de educarlos.

*El jefe Billy Bowlegs y su familia. Aún en el cálido clima de Florida, los Semínola usaban ropa que les cubría casi todo el cuerpo, para protegerse de los feroces mosquitos.*

*(Foto cortesía del Museo Histórico del Condado de St. Lucie)*

Los bebés Semínola usaban una bolsita de hierbas aromáticas alrededor del cuello, para espantar a los malos espíritus y conservar al niño en buena salud. El bebé dormía en una hamaca, que la madre mecía mientras trabajaba. Desde muy pequeños, se enseñaba a los niños a sobrevivir en su medio ambiente, a cuidarse de las serpientes venenosas y de otras alimañas.

Después de las guerras Semínola, los niños fueron enseñados, además, a jugar en silencio para no señalarle al hombre blanco el lugar del campamento. Los niños jugaban a muchos juegos. Se les enseñaba que jamás debían tratar de sobrepasar a los demás. Los jugadores trataban de ayudarse uno al otro. No existía la rivalidad. Esta falta de deseo de competir es una característica típica de esta cultura.

Desde niños, los varones aprendían a cazar, pescar, arrastrar las canoas e inclusive, cómo hacerlas. A los doce años se los consideraba adultos y se les concedían todos los derechos y privilegios de los hombres de la aldea. Las niñas eran enseñadas a coser, cocinar y cuidar a los bebés. A los catorce años, ya dominaban todas esas tareas y estaban listas para casarse.

# Medios de transporte en los Everglades

En el norte de Florida, los Semínola viajaban a pie, a caballo o en carretas. Tenían una buena red de caminos para ir a cazar o visitarse. Pero cuando se adentraron en tierras anegadas, los botes se hicieron más importantes. Pronto los indígenas conocieron las vías fluviales de los pantanos tan bien como habían conocido los caminos de tierra y se convirtieron en hábiles navegantes.

Los indígenas aprendieron a hacer airosas canoas, el tipo más antiguo de embarcación que existe. Los Semínola las hacían con troncos de grandes cipreses que habían caído al suelo. Les sacaban la corteza y cavaban el interior con brasas encendidas. La madera carbonizada se sacaba con hojas de metal o conchas afiladas.

El constructor de canoas trabajaba despacio, dándole a la madera tiempo para curarse. Generalmente se tardaban meses en construir una canoa que sería luego usada por varias generaciones, pasando de padres a hijos.

Cada familia decoraba la suya con sus colores propios. Las canoas servían para ir de caza y transportar las mercancías adonde serían vendidas. Familias enteras iban en canoa a visitar los demás campamentos.

Esas canoas eran más anchas y menos profundas que las canoas de corteza de las tribus del norte. Tenían el fondo chato, para poder arrastrarlas en las aguas poco profundas de los Everglades. Al frente, las canoas terminaban en una punta grácil que sobresalía del agua. Las canoas flotaban a la perfección y navegaban con facilidad. Con la ayuda de un mástil y una vela, algunos indígenas y negros se aventuraron en ellas hasta Cuba y las Bahamas. Hoy, el arte de construir canoas ha casi desaparecido. El automóvil y el bote aéreo las han reemplazado. Un viejo constructor de canoas, Charlie Cypress, consintió en hacer una más, la última. La canoa que hizo puede verse en el Museo Smithsonian, en Wáshington, D.C.

*Tumbas Semínola*
(Foto cortesía del Museo Histórico del condado de St. Lucie)

# Religión y medicina

Los Semínola piensan que, salvo para obtener comida, nadie tiene derecho a matar criaturas salvajes. Consideran que hubieron otras criaturas sobre la tierra antes que ellos, y que no hay que tomar del medio ambiente más de lo necesario.

Creen que no existe separación alguna entre cuerpo, mente y alma, y no distinguen entre religión y medicina. Consideran que algunas enfermedades son producidas por los espíritus, o por objetos extraños, mientras otras provienen de la relación directa que existe entre los sueños y las enfermedades.

El curandero era una persona muy importante en la tribu. Estaba a cargo de las ceremonias de nacimiento, muerte, o cuando un niño se convertía en adulto. Curaba a los enfermos. Se creía que podía controlar la naturaleza y hacer ceder las enfermedades con sus esfuerzos.

Los tratamientos se hacían a base de hierbas medicinales y ceremonias curativas especiales.

Cuando alguien enfermaba, el curandero decidía qué estaba causando la enfermedad. Juntaba las hierbas medicinales indicadas y prepababa los brebajes. Para ahuyentar los espíritus de la enfermedad, el curandero cantaba canciones apropiadas y soplaba en la medicina con una caña. Acompañaba sus cantos con tambores, campanas y sonajeros. Éstos eran esenciales, porque los Semínola creían que el ruido atraía a los espíritus. También interpretaba los sueños del paciente y decidía el tratamiento de acuerdo a esa información.

Ser aprendiz de curandero era un privilegio especial. Pocos muchachos eran elegidos. Debían estar dispuestos a estudiar mucho durante siete largos años. Reconocer las plantas medicinales y saber cómo recogerlas era parte de su educación. También aprendían a preparar los brebajes. Por fin, se les enseñaba el ritual de la curación espiritual. Era una ocupación de por vida, y el curandero llegaba a viejo antes de poseer el conocimiento completo.

El curandero también supervisaba los entierros.

Los Semínola eran enterrados en lugares remotos del pantano o los bosques. Generalmente, el cuerpo se colocaba en un ataúd que se dejaba sobre el suelo, bajo un techo de palmas. Las posesiones del difunto se enterraban con él. Los Semínola creían que el muerto necesitaría sus utensilios en la otra vida. Pero éstos primero debían ser rotos, pues sólo de este modo podían acompañar al muerto al cielo. Revólveres, cuchillos, y hasta los utensilios de cocina eran deformados antes de meterlos en el ataúd.

Hoy en día, la mayoría de los indígenas son enterrados en cementerios. Los misioneros han trabajado en Florida muchos años, y la mayoría de los Semínola en la reservación se han hecho cristianos, mayormente Bautistas o Metodistas. Hay pequeñas iglesias en cada reservación.

Uno de los curanderos más famosos se convirtió al cristianismo durante la Segunda Guerra Mundial, y ayudó a la conversión de muchos Semínola. Pero como las creencias Semínola y el cristianismo no se mezclan bien, la religión indígena está desapareciendo.

Muchos de los Semínola que viven fuera de las reservaciones, no han adoptado el cristianismo. Su aislamiento ha mantenido la desconfianza que les inspira el hombre blanco y sus ideas. No pueden aceptar que las creencias y tradiciones de sus antepasados sean falsas, y dudan en convertirse por completo. Los Semínola son muy tolerantes con las demás religiones. A menudo solucionan el problema de su adhesión al cristianismo incorporándole sus

antiguas creencias.

Aunque viven en una de las regiones más salvajes y duras de los Estados Unidos, la salud de los Semínola es excelente. Son mucho más saludables que la mayoría de las otras tribus del país. Son robustos y se han adaptado a su medio ambiente. Dos factores influyen en su buena salud: el aire fresco y el ejercicio físico. Cada familia está aislada de las demás. La libertad de gobernarse a sí mismos es muy importante. Los viejos son muy respetados. Mucha gente es longeva porque cree que todo lo que ocurre es inevitable, y no vale la pena preocuparse.

Una de las enfermedades crónicas que padecen, es producida por un parásito, el anquilostoma duodenal. Como la gente anda descalza, es más susceptible a esa infección. Hoy en día, muchas mujeres Semínola son obesas. Combinada con una dieta de almidones y azúcares, esa condición suele conducir a la diabetes.

En años recientes, el contacto con el hombre blanco ha introducido enfermedades contagiosas en la tribu, tales como la rubeola, la varicela y las paperas. Varios programas de vacunación en clínicas modernas están ayudando a erradicarlas.

En 1979, la tribu Semínola tomó varias iniciativas para mejorar la salud de su gente, estableciendo programas adecuados a sus necesidades. Los Semínola de hoy cuentan con clínicas modernas y, cuando es necesario, con buenos hospitales. La tasa de mortalidad infantil ha bajado desde que la mayoría de las mujeres da a luz en hospitales. Se proveen servicios dentales. El curandero aún es consultado respecto a ciertas enfermedades, pero poco a poco la medicina moderna y sus médicos lo están reemplazando.

## La Danza del Maíz Verde

La ceremonia más importante de los Semínola es la Danza del Maíz Verde. Como otras tradiciones, está perdiéndose. Hoy, los jóvenes la toman a la ligera y no le prestan tanta atención a sus reglas.

La Danza del Maíz Verde se hacía cuando el maíz estaba maduro, y también era la celebración del año nuevo para los Semínola. El festival se originó entre los antepasados Creek, y la celebración dura de cuatro a ocho días. El curandero y sus asistentes eligen el lugar y la fecha, y todos tratan de mantener las ceremonias secretas. Los Semínola no desean extraños en ellas.

La danza servía varias funciones. Era el momento en que todos los miembros de la tribu se purificaban de sus impurezas. Casamientos o divorcios eran consumados o rechazados. Se concretaban los negocios tribales del año anterior. El festival también era el momento de la renovación espiritual. Los niños aprendían sus obligaciones religiosas. Los varones de trece a quince años recibían un nuevo nombre, elegido por sus mayores o por el curandero, que simbolizaba el ingreso a la vida adulta.

El atado de las medicinas tenía gran importancia en las curaciones. Antes de empezar la Danza del Maíz Verde, el curandero se bañaba y rezaba prometiendo que usaría el atado sabiamente en bien de todos. Ese paquete era sagrado. Sólo se lo sacaba de su escondite durante la Danza del Maíz Verde. Los Semínola creían que los dioses les habian dado esas medicinas y que el atado contenía todo lo necesario para el bienestar de los indios. Las medicinas consistían en unos 600 o 700 trocitos de cuerno, plumas, piedras, hierbas, partes secas de animales y otras cosas. Doblado, el paquete de piel de ciervo medía un pie por dos pies de largo y cinco a seis pulgadas de espesor. Los guerreros llevaban consigo a la guerra pequeños paquetes para que les dieran poderes y protección.

Un rito importante del festival consistía en beber un brebaje negro místico, hecho con hojas de varias plantas. Se suponía que este brebaje limpiaba el cuerpo por dentro y purificaba de los malos pensamientos y acciones.

También aumentaba la fuerza y poderes de los guerreros. Sólo los hombres estaban autorizados a beberlo.

Durante la Danza del Maíz Verde se jugaban varios juegos. El más popular era un juego de pelota, antepasado del lacrosse, un juego del Canadá. Los Semínola lo jugaban alrededor de un árbol de unos 30 pies de altura en los terrenos del festival. Había que golpear el árbol con una pelota de piel de ciervo del tamaño de una nuez. Los hombres jugaban contra las mujeres, quienes tenían la ventaja de poder usar las manos. Los hombres usaban unas especies de cucharones tallados en grandes pedazos de madera.

El festival era ocasión de grandes fiestas y bailes. Viejos y jóvenes cantaban y bailaban. No todas las danzas eran de naturaleza religiosa, algunas eran sólo para divertirse. En el sur de Florida, muchas canciones folklóricas ancestrales de la Danza del Maíz Verde sobreviven hasta hoy. Las canciones se acompañaban con instrumentos musicales: sonajeros de cocos y caparazones de tortuga, pequeños tambores de agua y tam-tams y alguna flauta. En tiempos recientes, las caparazones han sido reemplazadas por latas agujeradas que contienen cuentas o semillas duras.

# Los Semínola hoy en día

Hoy quedan en Florida unos 1.500 Semínola. Según el censo de 1980, la mayoría vive en alguna de las cinco reservaciones: 480 acres en Hollywood; 35.000 acres en Brighton, al oeste del Lago Okeechobee; 10 acres cerca de Immokalee; 8.2 acres cerca de Tampa; y la reservación más grande, 70.000 acres en Big Cypress, al sur de los Everglades.

Unos 6.000 Semínola viven en Oklahoma y, como los demás ciudadanos del estado, envían a sus niños a las escuelas públicas. Muchos Semínola son campesinos, rancheros, maestros, médicos o líderes cívicos. En Oklahoma, casi todas sus costumbres y tradiciones se han perdido.

Los Semínola de Florida se dividen en dos grupos: los Miccosukees (Mi-cco-su-kees) y los Cow Creeks, o Muskogees (Mus-ko-gees), como también se los llamaba. Sus rasgos y cultura son similares. Pero sus idiomas son tan distintos que no se entienden entre sí.

Los Muskogees cultivaban la tierra y criaban ganado. Siempre fueron los más pacíficos. Muchos de ellos aceptaron ser enviados a Oklahoma. Los que se quedaron en Florida, ahora viven en la reservación Brighton.

Dos tercios de los Semínola de Florida son Miccosukees. Muchos viven en Big Cypress, en los Everglades. Como otros descendientes de la tribu guerrera Creek, son cazadores y pescadores. Durante las guerras de los Semínola, proporcionaron la mayoría de los líderes. De todas las tribus indígenas de América, sólo ésta puede decir que jamás ha sido vencida. Los Miccosukees se han aferrado mucho más a sus tradiciones que los demás grupos y por mucho tiempo, hasta rehusaron aprender inglés o cualquier otra cosa de los blancos.

En las casas Semínola hoy se ven muchas comodidades modernas. Casas de bloques de cemento han reemplazado al chickee, pero muchos Semínola todavía tienen un chickee en el jardín para hacer picnics y otras actividades. Los Semínola también construyen chickees para los hombres blancos en lugares de playa, junto a piscinas, campos de golf o en los patios traseros de muchas casas. Construir chickees ha dado oportunidad a los viejos de la tribu para enseñar a sus jóvenes ayudantes el arte de hacerlos.

El contraste entre las viejas y nuevas costumbres es interesante. En el período de transición previo a la mudanza de los Semínola a casas modernas, no era infrecuente encontrar televisores, ventiladores eléctricos, planchas y colchones en los chickees abiertos al aire libre.

Los Semínola se mantienen a sí mismos de varias maneras. Algunos son gerentes, empleados de oficina, y trabajadores rurales. Otros se ocupan de actividades turísticas, venden artesanías y luchan con caimanes. Los Semínola eran felices con su vida tranquila, pero hoy los jóvenes quieren vivir y trabajar como sus modernos vecinos.

Los hombres Semínola todavía cazan y pescan, pero no contribuyen grandemente a alimentar a sus familias. Las mujeres raras veces hacen ya su propia harina.

Hoy, como todo el mundo, compran sus alimentos en los supermercados. La tribu Semínola de Florida fue formalmente organizada y reconocida por el gobierno federal en 1957. Eso les dio acceso a servicios muy necesarios para el pueblo y el futuro de la tribu. Los Semínola rigen sus propios asuntos. La tribu solía depender financieramente del gobierno federal, pero ahora, gracias a varias prósperas empresas de negocios, menos de la mitad de su presupuesto proviene del gobierno. Los Semínola son ciudadanos de los Estados Unidos y de Florida. Pueden votar, ser elegidos a puestos públicos, poseer tierras y disponer de propiedades personales.

La tribu es gobernada por un consejo de cinco miembros, uno por cada reservación. El jefe es electo entre todos. El consejo equivale al consejo de directores, y el jefe es su presidente.

La tribu Semínola ha sido un ejemplo para las demás tribus nacionales en materia de negocios.

Gracias a ellos, muchas otras tribus están empezando sus propias empresas económicas. Los Semínola se han convertido en astutos hombres de negocios. La

*(Foto cortesía del Museo Histórico del Condado de St. Lucie)*

*Sonajeros para las piernas, hechos de latas, usados en la danza del maíz verde.*

exoneración de impuestos es una ventaja que les da el ser ciudadanos de una reservación. La tribu Semínola posee empresas como criaderos de ganado, juegos de Bingo, venta de cigarrillos libres de impuestos y hoteles de lujo.

La tribu usa el dinero para mejorar sus condiciones de vida. Los proyectos comunitarios, como facilidades recreacionales y becas para estudiantes universitarios, son prioritarios. Los programas sanitarios, de educación y viviendas, también son importantes.

Los miembros de la tribu cobran sus dividendos mes por medio.

En 1972, los Semínola firmaron un contrato con la Oficina de Asuntos Indígenas, estableciendo un Departamento de Educación y varios programas; como: centro infantil, el programa de alfabetización Head Start, consejeros, asistencia económica a estudiantes universitarios y agencia de empleos. Un programa vocacional entrena a los Semínola en técnicas de trabajo. Otro, les enseña a los niños a conservar el idioma, costumbres y tradiciones del pueblo Semínola.

Antiguamente, los niños se educaban en casa. Hoy van a la escuela hasta los diez y seis años. En los liceos, la tasa de abandono es muy alta. Los líderes de la tribu saben que la educación es importante para progresar, y tratan de lugrar que los jóvenes permanezcan en la escuela.

Los Semínola son un pueblo orgulloso. Las injusticias cometidas contra ellos no les dieron deseos de adaptarse a la sociedad del hombre blanco y a la vida moderna, pero esto está cambiando, hoy en día.

# Fechas importantes en la historia Semínola

1513      España comienza la exploración de Florida.

1565      Fundación de St. Augustine.

1600s      Los indígenas de Florida se sublevan contra la dominación española.

1701      Guerra de sucesión de España. Los indígenas Creek se alían con los ingleses e invaden Florida.

1700s      Los indígenas de Florida son matados o vendidos como esclavos. Los invasores Creek se asientan en el norte de Florida. Comienza la tribu Semínola.

1763      Florida se convierte en territorio inglés. Los Semínola ya están bien establecidos en Florida.

1783      El Tratado de París le devuelve Florida a España.

1818      Los enfrentamientos entre los Estados Unidos y España conducen a la primera guerra Semínola.

1819      Florida es cedida a los Estados Unidos.

1823      Los colonos se asientan en el norte de Florida. Los Semínola, contra su voluntad, ceden 32.000.000 de acres de tierra en el norte de Florida y se mudan a una reservación en el centro del estado.

1828      Andrew Jackson es elegido presidente de los Estados Unidos.

1830      El Congreso de los Estados Unidos aprueba el Acta de Desalojo de los Indígenas, que los obliga a mudarse al oeste del río Mississippi.

1835      Hablando por los Semínola, Osceola dice que éstos no se mudarán nuevamente. Comienza la segunda guerra Semínola.

1838      Durante una tregua, Osceola es engañado y capturado. Poco después muere en prisión.

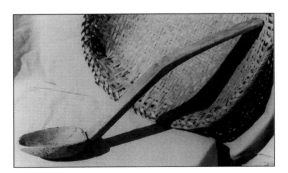

*Una cuchara para sofkee*
(Foto cortesía del Museo Histórico del Condado de St. Lucie)

# ÍNDICE ALFABÉTICO

*Mortero para moler maíz*
(Foto cortesía del Museo Histórico del Condado de St. Lucie)